KINDERGARTEN KINDERGARTEN

Ute Andresen
Barbara von Johnson

Das ist Anita und das ist Benni.
Sie kennen sich jetzt schon fast ein ganzes Jahr und sind Freunde. Als Benni in den Kindergarten kam, kannte er Anita noch nicht. Er kannte kein einziges Kind im Kindergarten und hatte Angst, weil um ihn herum so viele fremde Menschen waren. Da kam ein großes Mädchen auf ihn zu. Sie lächelte ihn an. «Wie heißt du?», fragte sie. «Benni», sagte Benni. «Ich heiße Anita», sagte das Mädchen. «Komm, ich zeig dir, wo alles ist.» Anita nahm Benni bei der Hand und zeigte ihm die Haken an der Wand. «Der da mit dem Häschen ist für dich», sagte Anita, «da kannst du deine Sachen aufhängen, hat Frau Beier gesagt. Sie hat uns gestern gesagt, dass heute neue Kindergartenkinder kommen. Hat sie dich schon gesehen?» «Ja», sagte Benni. «Ich zeig dir die Spielsachen», sagte Anita, «wir haben ganz viele.» Und dann hat Anita den ganzen Vormittag mit Benni gespielt und ihm alles erklärt. Mittags kam Mutti und hat ihn wieder abgeholt. Seit dem Tag sind Benni und Anita Freunde.
Sie treffen sich jeden Kindergartentag in der Gruppe von Frau Beier. Meistens spielt Anita mit Carmen und Benni spielt oft mit Klaus und manchmal mit anderen Kindern. Es gibt viele Kinder, mit denen Benni spielen kann, er kennt sie jetzt alle. Wenn Benni traurig ist oder sich wehgetan hat oder etwas nicht kann, dann geht er zu Frau Beier oder zu Dierk, dem Praktikanten. Die helfen ihm. Oder Anita hilft ihm.
«Schade, dass der Benni nicht mein Bruder ist», hat Anita einmal zu ihrem Papa gesagt. «Ach, Anita», hat Papa gesagt, «du siehst ihn ja fast jeden Tag.» Das stimmt! Und jeden Tag, wenn Papa sie morgens weckt, fragt Anita: «Ist heute Kindergarten?» «Ja», sagt Papa, «heute ist Kindergarten.» Anita reckt sich und gähnt. ‹Benni kommt auch›, denkt sie. Und dann steht sie auf.

Waschen, Zähne putzen, Bett machen – Anita beeilt sich, damit Papa ihr noch Zöpfe flechten kann. «Das schaffe ich nicht», sagt sie, als Papa ihr ein dickes Butterbrot in die Hand gibt. Sie mag morgens nicht essen. Papa packt das Brot in ihre Kindergartentasche. Er gießt sich noch einen Kaffee ein. «Komm doch!», drängelt Anita.

Benni möchte am liebsten im Bett weiterspielen. Er möchte, dass Mutti ihn anzieht und füttert. «Iss jetzt, red nicht so viel!», sagt Mutti und Benni muss sein Müsli essen. «Geh nicht weg!», sagt er zu Vati. Der lacht: «Ich muss zur Arbeit!», und gibt Benni einen Kuss. Bennis Bruder will losgehen. «Ich mag nicht in den Kindergarten!», sagt Benni.

«Wenn du erst im Kindergarten bist, gefällt es dir dort bestimmt», sagt Mutti. «Lass Ulf nicht warten! Denk an die Taschentücher! Und wisch dir die Nase nicht wieder am Ärmel ab!»
«Guckst du noch aus dem Fenster?», fragt Benni. «Ja», sagt Mutti, «ich winke euch nach und die Pia winkt auch.» «Kann sie ja noch gar nicht», sagt Benni und gibt Pia einen Kuss. «Tschüss, Pia! Tschüss, Mutti! Tschüss, Huschel, mein Häschen!»
Dann geht er mit Ulf aus dem Haus. Draußen dreht er sich noch einmal um. Mutti und Pia schauen aus dem Küchenfenster. «Holst du mich ab?», ruft Benni. «Ja, heute Mittag!», ruft Mutti. «Bis heute Mittag!», ruft Benni. »Tschüss!»
Ulf und Benni gehen los. Ulf geht zur Schule und nimmt Benni bis zum Kindergarten mit. «Holst du mich auch ab?», fragt Benni. «Vielleicht», sagt Ulf. «Wenn ich Zeit habe nach der Schule.»
Ulf hat nicht immer Zeit, wenn Benni es möchte. Ulf mag am liebsten mit seinen Freunden Fußball spielen. Benni darf nur manchmal mitgehen. Gestern war er mit Ulf und den anderen großen Jungen auf der Fußballwiese. Dort hat er eine Raupe gefunden. Er hat sie in ein Glas getan und nimmt sie jetzt mit in den Kindergarten.

«Frau Beier zeigt allen Kindern die Raupe», sagt Benni zu Ulf. «Und dann darf ich erzählen, wie ich sie gefunden habe. Und dann erzählt Frau Beier alles über Raupen.» «Woher weißt du das?», fragt Ulf. «Neulich hat Boris einen Frosch mitgebracht», sagt Benni, «da hat sie es auch so gemacht.»
Wenn er das Glas nur heil in den Kindergarten bringt! Er trägt es mit beiden Händen und geht ganz vorsichtig und langsam. «Wenn du so bummelst, komme ich zu spät», sagt Ulf. Er nimmt Benni das Glas aus den Händen. «Keine Angst, ich pass schon auf!», sagt Ulf.

Er macht so große Schritte, dass Benni fast laufen muss. Benni weiß, dass man in der Schule nicht zu spät kommen soll. Im Kindergarten gibt es das nicht. Da kann jedes Kind kommen, wann es will, irgendwann zwischen sieben und neun.
‹Wenn Anita da ist, zeig ich ihr gleich die Raupe›, denkt Benni. ‹Später kommt Carmen. Dann will Anita mit Carmen spielen. Dann hat sie keine Zeit mehr zuzugucken, wie die Raupe über meine Hand kriecht. Ob Anita die Raupe auch anfassen mag? Sie ist manchmal mit kleinen Tieren so komisch!›
Größere Tiere fasst Anita gerne an. Und so weiche Tiere wie Bennis Huschel streichelt sie am allerliebsten.
Benni hat Huschel bekommen, als Pia geboren wurde. «Dann haben wir beide ein liebes Kleines zu versorgen», hat Mutti gesagt. Aber einen Hasen kann man nicht so herumtragen und knuddeln wie ein Baby. Jetzt wünscht Benni sich noch ein Huschelchen aus Stoff, das er mit ins Bett nehmen kann.

Anita nimmt ihre drei Bären, den Teddi, die Eddi und das Bärli, auch überall mit. Am liebsten würde sie sie sogar mit in den Kindergarten nehmen, aber das darf sie nicht. «Hier im Kindergarten sind so viele schöne Spielsachen», hat Frau Beier gesagt. «Wenn ihr noch etwas mitbringt, habt ihr bald selber keinen Platz mehr.» Jeden Morgen erklärt Anita ihren Bären, dass sie daheim bleiben müssen. «Ihr seid ja immer mit mir zusammen, wenn kein Kindergarten ist», sagt Anita, «wenn ich schlafe und wenn ich spiele und wenn ich esse. Ich muss jetzt los, ihr könnt nicht mit. Ade, Teddi! Ade, Eddi! Ade, Bärli! Spielt schön miteinander!»

Dann nimmt sie ihre neue Jacke, die rote mit den Blumen, und zieht sie an. Sie schaut in den Spiegel. ‹So seh ich aus wie die Mama auf dem Bild in meinem Zimmer›, denkt Anita. Die Mama wohnt in einer anderen Stadt, da arbeitet sie. Aber sie kommt Anita besuchen, sooft sie kann. Und manchmal fährt Anita zu Mama zu Besuch.
Auf dem Bild in Anitas Zimmer ist Mama auch fünf Jahre alt. Sie hat die rote Jacke an, die Anita heute trägt, und Zöpfe. «Mach mir doch auch Zöpfe!», hat Anita gebettelt. Und Papa hat es versucht. Es ging gar nicht so schwer, wie er gedacht hatte. Jetzt hat er es schon so oft gemacht, dass es ganz leicht für ihn ist. Wenn Anita ihn morgens fragt: «Kannst du mir heute Zöpfe flechten?», sagt er fast immer: «Ja, wenn ich mich rasiert habe.»
Papa will morgens immer noch aufräumen. «Dann ist es gemütlich, wenn wir abends heimkommen», sagt er. Jetzt ist er fertig und will losgehen. «Hast du deinen Blumenstrauß, Anita?», fragt Papa. Sie ist gestern mit Papa spazieren gegangen und hat einen Blumenstrauß für Frau Beier gepflückt. Beinah hätte sie ihn vergessen! Sie läuft noch einmal in die Küche und holt den Strauß aus dem Spülbecken. Bärli bekommt noch einen Kuss!

Unterwegs hängt Anita sich bei Papa ein. Wenn er es eilig hat, muss sie immer ganz schnelle Schritte machen. Heute hat er es nicht eilig. Er geht ganz langsam und Anita kommt gut mit. «Was macht eigentlich dein Zahn?», fragt Papa. «Der wackelt immer doller!», sagt Anita. «Guck mal!»
«Wann der wohl rausfällt?», sagt Papa. «Pass auf, dass du ihn nicht verlierst. Dann legen wir ihn unter dein Kopfkissen.» «Und dann?», fragt Anita. «Das ist eine Überraschung», sagt Papa. Er will nichts verraten. «Hast du heute viel Zeit?», fragt Anita. «Ja, heute sind wir nicht so spät aufgestanden», sagt Papa. Wenn sie morgens früh genug losgehen, hat Papa immer noch Zeit, Anita im Kindergarten bis in den Flur vor die Tür ihrer Gruppe zu bringen. «Holst du mich heute ab?», sagt Anita. Papa macht die Tür vom Kindergarten auf. «Natürlich», sagt er, «wie immer. Guck mal, wer da ist!» «Wo?», sagt Anita. «Da vorne im Flur!», sagt Papa.

«Benni ist da», sagt Anita, «tschüss, Papa.» «Bis heute Abend!», sagt Papa und geht weg. «Was ist das?», fragt Anita. «Eine Raupe», sagt Benni. «Guck mal, sie ist ganz zahm.»

Frau Beier hat Benni geholfen die Hausschuhe anzuziehen. Er verwechselt immer den linken und den rechten Schuh. Und Schleifen binden wie Georg kann er auch nicht.

Felix könnte sich seine Hausschuhe selbst anziehen, aber er lässt sich bedienen. Diese blöden Dinger mit den Herzchen gefallen ihm sowieso nicht. ‹Mädchenschuhe!›, denkt er.

«Sei brav, Mäuschen!», sagt Nicolas Oma und gibt Nicola noch einen Kuss. «Ich will wieder heim!», sagt Nicola. Aber Oma sagt: «Heute Mittag hole ich dich wieder ab.»

Nicola weint und schüttelt den Kopf. «Ich will nicht», sagt sie. Oma streichelt sie. «Du wirst dich schon an die vielen Kinder gewöhnen», sagt sie. «Ich muss jetzt gehen, Opa wartet auf mich im Garten.» «Ich will auch in den Garten», sagt Nicola und zieht die Nase hoch. «Ist es noch so schlimm?», fragt Frau Beier. Sie hat gesehen, dass Nicola sich nicht von der Oma trennen will, und nimmt sie auf den Arm.
«Pass auf, ich zeig dir was! Wenn du durch dieses Fenster schaust, kannst du deine Oma sehen und ihr winken, wenn sie fortgeht. Willst du das?» Nicola nickt. Bei Frau Beier auf dem Arm ist es nicht mehr so schlimm. Nicola weint nicht mehr.
«Da kommt ja die Pauline», sagt Frau Beier. «Siehst du, Nicola, da ist schon deine Freundin!» Sie stellt Nicola wieder auf den Boden. «Kümmerst du dich um Nicola, Pauline?», fragt Frau Beier und Pauline sagt: «Ja, gleich, ich muss nur eben meine Hausschuhe anziehen.» «Ich hab neue Hausschuhe», sagt Nicola und zeigt Pauline ihre Füße. «Die sind aber süß!», sagt Pauline. Nicolas Hausschuhe sehen wie zwei Mäuse aus. «Meine Mama hat mir die Mäuseschuhe geschenkt», sagt Nicola.

Nicola ist erst seit drei Tagen im Kindergarten und fühlt sich noch fremd. Pauline kümmert sich um sie. Sie hat ihr gezeigt, wo das Klo ist und wo sie sich die Hände waschen kann. Und sie fragt Nicola immer, ob sie mitspielen will. Wenn Pauline und Elke da sind, dann ist Nicola gerne im Kindergarten. Elke kümmert sich viel um die Kleinen.
Heute muss sie der Gabi helfen. Gabi will ihren Mantel ausziehen, aber sie kann ihn nicht allein aufknöpfen. «Elke, hilfst du mir mal?», ruft Gabi. Und Elke kommt und hilft. Als Elke dann aber den Mantel auch noch aufhängen will, sagt Gabi: «Das kann ich selber!», und hängt ihn auf ihren Brezelhaken.

«Geh da mal weg», sagt Elke zu Klaus. Er sucht etwas unten in den Schuhfächern. «Lass mich doch», sagt Klaus, «ich suche meinen andern Hausschuh.» Dauernd verschusselt Klaus einen Hausschuh, mal den linken und mal den rechten. Dann läuft er den ganzen Tag mit nur einem herum. «Hast du den Hausschuh?», fragt Elke. «Nein», sagt Klaus, «da ist er nicht.» Er richtet sich auf und schaut Elke an.
«Was ist denn mit deinem Auge los?», fragt Elke. «Hast du dir wehgetan?» «Nein, hab ich nicht», sagt Klaus. Er hat eine Brille auf und sein linkes Auge ist zugeklebt. «Ich war beim Augenarzt», erklärt Klaus. «Der Augenarzt hat gesagt, ich soll die Brille tragen und das eine Auge muss zugedeckt sein, dann wird das andere besser.» «Muss das immer so bleiben?», fragt Benni. «Nein, nicht immer», sagt Klaus. «Kannst du mit einem Auge richtig sehen?», fragt Anita. «Ja, ganz gut», sagt Klaus. «Aber deinen Hausschuh hast du noch nicht gefunden», sagt Benni. Klaus lacht.

«Kommt mit ins Spielzimmer», sagt Frau Beier, «ich will Sabine ihre Geburtstagskrone aufsetzen.» «Hat Sabine heute Geburtstag?», fragt Benni. «Ja», sagt Frau Beier, «sie ist heute fünf geworden.» «Ich bin schon lange fünf», sagt Anita. Und Benni denkt: ‹Ich werde auch bald fünf.› Aber er ist ja gerade erst vier geworden. Als er Geburtstag hatte, bekam er auch eine Geburtstagskrone wie heute Sabine. Frau Beier steckt ihr die Krone mit Haarklemmen fest, damit sie beim Spielen nicht herunterfällt. «Herzlichen Glückwunsch, Sabine», sagt Frau Beier.
Alle Kinder wollen wissen, wer zu Sabines Geburtstagsfest eingeladen ist. «Ich lade die Gisela ein, die ist meine beste Freundin», sagt Sabine, «und den Georg.»
«Lad mich auch ein!», bettelt Gabi. «Ich war nie eingeladen», sagt Benni. Er möchte so gerne zu Sabines Geburtstag kommen. «Ich darf vier Kinder einladen», sagt Sabine, «meine Mama hat gesagt, wir schreiben Briefe für die Kinder. Aber das Fest ist erst nächste Woche.» «Krieg ich einen Brief?», fragt Benni. «Jetzt lasst doch die Sabine mal in Ruhe», sagt Frau Beier. «Wir feiern nachher alle miteinander, da ist jeder eingeladen.»

«Guck mal, Frau Beier», sagt Sabine. «Warte bitte, gleich! », sagt Frau Beier. Sie putzt gerade Benni die Nase. «Schnaub mal richtig!», sagt sie. «So, feste! Gut!» Jetzt kann Benni wieder richtig durch die Nase Luft holen. «Bring das Taschentuch ins Klo», sagt Frau Beier. «Du hast ja noch welche.» «Warum ins Klo?», fragt Benni. «Damit die anderen Kinder sich nicht mit den Bazillen anstecken.» Benni geht zum Klo.

Frau Beier dreht sich zu Sabine um. «Na, was gibt es denn?», fragt sie. Neben Sabine steht Georg und beide schauen Frau Beier an, als müsste sie etwas merken. Aber sie merkt nichts. «Wir sind Zwillinge», sagt Georg. «Wir haben die gleichen Hausschuhe», sagt Sabine. «Als ich mit der Mutti im Schuhgeschäft war, ist der Georg mit seiner Mutter gekommen ...» Georg unterbricht sie. «Und ich habe auch Hausschuhe bekommen», sagt Georg, «die gleichen! Jetzt sind wir Zwillinge.» «Wie gut», sagt Frau Beier, «wie gut, dass ihr euch nur an den Füßen ähnlich seht, sonst würde ich euch verwechseln.»
Im Toilettenraum geht Benni in eins der kleinen Klos und wirft das Papiertaschentuch ins Becken. Dann drückt er auf den Wasserknopf und das Taschentuch wird weggespült. David kommt rein, weil er mal muss. «Spielst du mit Wasser?», fragt er und geht ins Nachbarklo. «Nein», sagt Benni. Er geht zum Waschbecken und wäscht sich die Hände. Es gefällt ihm immer so gut, dass da fünf kleine Waschbecken in einer Reihe sind. Zu Hause gibt es im Bad nur ein Waschbecken und das ist so hoch, dass Benni beim Händewaschen das Wasser immer in den Ärmel läuft. Die Waschbecken im Kindergarten sind schön niedrig.

Morgens im Kindergarten darf jeder spielen, was er mag. David spielt wie immer mit Markus. Der sitzt in einem Rollstuhl, weil er gelähmt ist. Benni möchte, dass David auch sein Freund ist.

Gestern haben sie alle drei zusammen gemalt und heute malen sie wieder zusammen am großen Tisch. Benni malt mit Fingerfarben und David zeigt Markus, wie man Autos malt.

Klaus wollte zuerst auch mitmalen, aber jetzt spielt er mit Pauline. Sie bauen eine Autowerkstatt. Pauline baut und sagt Klaus, was er holen soll. Und er holt es dann. Nicola schaut nur zu.

Am runden Tisch zeigt Frau Beier Tina, Florian und Elke, wie Schiffchen gefaltet werden. «Dreh dich nicht um, Frau Beier», sagt Anita, «erst wenn wir fertig sind, darfst du gucken!»

Anita baut zusammen mit Carmen einen Turm, der soll so hoch werden, dass er grösser ist als Frau Beier. Anita hat ihre Jacke ausgezogen und hinter sich auf den Boden gelegt. «Mit der Jacke ist mir viel zu warm», sagt sie zu Carmen. «Warum hast du nicht dein neues gelbes Kleid angezogen?», fragt Carmen. «Durfte ich nicht», sagt Anita, «Papa sagt, es ist noch zu kalt.» «Ich wünsche mir auch ein gelbes Kleid», sagt Carmen, «zum Geburtstag. Nächste Woche am Sonntag habe ich Geburtstag.»

Carmen und Anita sind schon lange Freundinnen. Am liebsten würden sie sich immer gleich anziehen. Aber das geht nicht. Manchmal vertauschen sie ihre Sachen. Carmen hat gestern Anita ihr Armband geliehen und heute hat Anita es ihr zurückgegeben. «Beinahe hätte ich dein Armband vergessen», sagt Anita zu Carmen, «es lag auf dem Stuhl neben meinem Bett.»

Seit drei Tagen baut Boris mit Dierk zusammen Schiffe. Wenn andere Kinder kommen und auch mitmachen wollen, dann faucht er sie an! «Das hab ich mir ausgedacht!», sagt er zu Tom. «Du darfst nicht mitmachen!»

Tom will gerade nach einem Nagel greifen, aber jetzt lässt er ihn liegen. «Darf ich nicht mitmachen, Dierk?», fragt Tom. «Doch, natürlich», sagt Dierk, «jeder, der will, darf mitmachen.»

«Aber nicht alle!», sagt Boris. «Alle wollen doch gar nicht», sagt Dierk, «nur Tom. Leg deine Pistole weg und hol dir einen Hammer aus dem Werkzeugkasten!»

Tom steckt die Pistole, die er sich aus Legos gebaut hat, oben in seine Hose und holt sich einen Hammer. «Darf ich auch ein Schiff bauen?», fragt er. «Ja, das darfst du», sagt Dierk. «Aber zuerst musst du lernen, wie man Nägel einschlägt.» «Das kann ich schon!», sagt Tom und will mit dem Hammer einen Nagel auf den Kopf schlagen. Aber er trifft daneben und der Hammer haut mit Wucht auf den Tisch.

«Spinnst du!», schreit David. «Jetzt ist alles verwackelt!» Benni schaut, was da auf einmal für ein Geschrei am Tisch ist. David schimpft, weil von dem Hammerbums der Tisch gewackelt hat. Vor Schreck ist ihm der Pinsel ausgerutscht und hat einen Strich quer über das Blatt gemacht. Tom weiß gar nicht, warum David so böse ist. Er hat nur versucht einen Nagel einzuschlagen.

«Mach doch ein neues Bild», sagt Benni. Und Markus sagt: «Reg dich nicht so auf!» Aber David ist nun mal aufgeregt und schiebt wütend sein Blatt weg. Dabei stößt er das Glas mit dem Malwasser um und das ganze Wasser ergießt sich über ihn. «Nein!», schreit David. Jetzt ist er richtig wütend.

«Halb so schlimm!», sagt Dierk. «Aber meine Hose ist nass!», schreit David. «Und mein Pulli auch!» Dierk nimmt ihn bei der Hand. «Komm», sagt er, «ich gebe dir trockenes Zeug und du ziehst dich um.»

David ärgert sich. «Ich will keine Babyhosen anziehen!», sagt er. «Das sind doch keine Babyhosen», sagt Dierk. «Doch», sagt David, «für die Babys, die sich noch in die Hose machen.»
Als Dierk und David vor dem Schrank stehen, in dem die Pullis und Hosen liegen, kommt Anita vorbei. «Einmal hab ich vergessen aufs Klo zu gehen. Da brauchte ich auch eine frische Hose», sagt Anita. «Guck mal, die da! Die hab ich dann angezogen.» Aber David will sich selbst eine aussuchen. Er zieht sich im Flur um.
Als er wieder ins Spielzimmer kommt, sind schon alle beim Aufräumen. Alle sind es eigentlich nicht. Olaf liegt immer noch auf dem Bauch und liest dem Affen ein Buch vor. Er kann nicht richtig lesen, aber er kennt das Buch auswendig.
Oliver ist aufs Klo gegangen und trödelt da herum.

Carmen und Anita sind mit ihrem Turm noch nicht ganz fertig. «Dürfen wir fertig bauen?», fragt Anita, «nur noch ein Stockwerk ...» «Macht halt morgen weiter», sagt Frau Beier, «ihr könnt den Turm stehen lassen. Heute müssen wir uns beeilen, weil wir Sabines Geburtstag feiern.»
«Und meinen Geburtstag?», fragt Carmen. «Den feiern wir, wenn du Geburtstag hast», sagt Frau Beier. «Ich hab aber am Sonntag Geburtstag», sagt Carmen. «Da kann ich doch nicht im Kindergarten feiern.» «Wenn du am Sonntag Geburtstag hast, feiern wir am Montag für dich», sagt Frau Beier. «Dann bist du zweimal Geburtstagskind», sagt Anita, «am Sonntag daheim und am Montag im Kindergarten.»
«Wenn ich Geburtstagskind bin, brauche ich nicht aufzuräumen», sagt Carmen, «wie heute Sabine.»
Sabine sitzt auf einem Stuhl und schaut zu, wie die anderen Kinder hin und her laufen und alles einsammeln und an seinen Platz bringen. Dann stellen sie sich um den runden Tisch.
«Wer darf neben dir sitzen?», fragt Frau Beier. «Georg rechts», sagt Sabine, «und Gisela links. Gisela ist meine liebste Freundin!» Gisela ist froh, dass Sabine immer noch ihre Freundin ist, obwohl sie doch jetzt Georg als Zwilling hat.
Als alle um den Tisch sitzen, werden die Vorhänge zugezogen, das Licht wird ausgeknipst und alle warten im Dunkeln, mucksmäuschenstill. Da geht die Tür auf und eine Torte mit brennenden Kerzen schwebt herein. Dierk stellt sie vor Sabine auf den Tisch. «Herzlichen Glückwunsch!», sagt Dierk. «Herzlichen Glückwunsch!», schreien alle Kinder.
Dann singen sie «Sabine hat Geburtstag ...» und «Hoch soll sie leben!», und Dierk und Frau Beier heben Sabine mit ihrem Stuhl hoch in die Luft. Die Torte wird verteilt. Jeder bekommt ein kleines Stück. Und weil man davon nicht satt wird, holt sich jeder noch sein Pausepäckchen.

Nach der Feier gehen die Großen ins Vorschulzimmer, die Kleinen bleiben im Spielzimmer. Neulich hat Frau Beier ihnen das Märchen von den Bremer Stadtmusikanten vorgelesen.

Gestern haben sie sich alle verkleidet und Stadtmusikanten und Räuber gespielt. Heute machen sie die Bremer Stadtmusik mit allen Instrumenten, die sie haben.

Die Vorschüler waren gestern im Garten von Nicolas Opa. Sie haben vieles mitgebracht, auch Mohrrüben. «Das Orange ist die Wurzel», sagt Dierk zu Boris.

Olaf sucht in seinem Buch nach Kirschen, die genauso sind wie die aus dem Garten. Florian und Elke wollen eine Quarkspeise mit Johannisbeeren und Kirschen machen.

Sie verrühren den Quark in der großen Schüssel mit Milch. Dann kommt das Obst dazu. «Dürfen wir was essen?», fragt Florian. «Ja», sagt Dierk, «es ist genug da. Aber hebt doch die Kirschkerne und die Stängel auf!» «Warum denn?», fragt Elke. «Dann könnt ihr morgen aus Plastilin Spielkirschen kneten mit einem echten Stängel und einem echten Kern», sagt Dierk. «Dürfen wir morgen auch wieder malen?», fragt David. «Du hast gesagt, wir dürfen die Farben malen, die wir im Garten gesehen haben.» «Ja», nickt Dierk, «morgen malen wir!»
«Und was machen wir heute?», fragt Tina. Sie hat sich Kirschen über die Ohren gehängt und bewegt ihren Kopf ganz vorsichtig, damit die Kirschen nicht runterfallen. «Wir setzen uns alle an den Tisch», sagt Dierk, «und schauen uns an, was wir in dem großen Korb aus dem Garten von Nicolas Opa mitgebracht haben.»

Bald ist alles aufgeräumt und die Kinder sitzen um den Tisch. Es wird still im Vorschulzimmer. Aus dem Spielzimmer hört man es scheppern und bumpern.
«Was ist wohl alles in dem Korb?», sagt Dierk. «Ihr könnt es erkennen, ohne hinzuschauen!» Der Korb steht versteckt unter dem Tisch. Dierk hat ein Tuch in der Hand. «Darf ich Erster sein?», schreit Anita. «Nein ich!», schreit Olaf. «Drängelt nicht so!», sagt Dierk. «Jeder kommt dran. Immer der Reihe nach!»
Zuerst bindet Dierk dem Florian das Tuch über die Augen. «Kannst du noch was sehen?», fragt Dierk. «Nein», sagt Florian, «ich sehe nichts!» Dierk gibt ihm etwas in die Hände. Florian betastet es und überlegt. «Ach, ich weiß!», sagt er nach einer Weile. «Das ist eine Mohrrübe.»
«Richtig!», schreien die anderen Kinder. «Jetzt komm ich aber!», schreit Anita.
«Kannst du es nicht mehr abwarten?», fragt Dierk. «Nein», sagt Anita, «ich will jetzt raten!» «Also gut», sagt Dierk und verbindet Anita die Augen. Dann gibt er ihr etwas in die Hand. «Was ist das wohl?», fragt Dierk.
Alle schauen Anita an. Sie hat etwas Winziges, Rundes in der Hand, rollt es hin und her, drückt es, riecht daran ...

«Ich weiß nicht», sagt sie, «das ist rund, aber eine Kirsche ist es nicht. Kirschen sind größer.» Dierk nimmt Anita das Tuch ab und sie schaut nach. Sie hat eine kleine grüne Erbse in der Hand. «Das ist gemein», sagt sie, «ich wusste nicht, dass du auch Erbsen aus dem Garten mitgenommen hast.» Dierk lacht. «Sei nicht sauer», sagt er. «War ja nur Spaß! Wer will jetzt?»
Jetzt kommt David dran. Ihm wird auch das Tuch über die Augen gebunden. «Mach mal den Mund auf», sagt Dierk. Dann steckt er David eine Kirsche in den Mund. David beißt auf die Kirsche und lacht: «Das war zu leicht! Eine Kirsche.»

Jeder kommt dran. Elke muss den Kohlrabi raten, Pauline eine Blume, Carmen ein Radieschen, Tina eine Gurke und Boris ein Sträußchen Petersilie. «Jetzt lasst uns mal überlegen», sagt Dierk, «wofür man ...» Da geht die Tür auf. Man hört den Krach aus dem Spielzimmer. Frau Beier kommt herein. «Darf ich mal eben stören», sagt Frau Beier, «wir brauchen den Verkleidekorb.» Sie geht nach nebenan ins Ruhezimmer und holt einen großen Deckelkorb. Sie trägt mit Dierk den Korb ins Spielzimmer. «Ich denke, ihr wolltet Musik machen», sagt Dierk. «Wir haben auch Musik gemacht», sagt Frau Beier, «aber jetzt können die Kleinen nicht mehr still sitzen. Alle wollen sich wieder verkleiden und Bremer Stadtmusikanten spielen.»

«Darf ich nach drüben gehen?», fragt Anita. Verkleiden mag sie am allerliebsten. «Meinetwegen», sagt Dierk. «Aber mach die Türen zu, sonst wird es hier zu laut.» Dann dreht er sich zu den anderen um: «Also: Überlegt mal, wofür man all die Sachen aus dem Garten braucht!»

Anita geht ins Spielzimmer. Alle Kinder drängen sich um den großen Korb und holen sich Kleider und Tücher heraus. Frau Beier hilft dem Esel, dem Hund und der Katze sich Ohren auf dem Kopf zu befestigen. Gabi steht vor dem Spiegel und bindet sich eine lange, spitze Nase um. «Was ist denn das?», fragt Felix. «Das ist mein Schnabel», sagt Gabi. «Ich bin doch der Hahn.» «Ach so», sagt Felix, «soll ich hinten zumachen?» «Aber fest», sagt Gabi, «der rutscht sonst immer runter, wenn ich Kikeriki mache.» Felix macht zwei feste Knoten. «So!», sagt er. «Mach mal Kikeriki!» «Kikeriki!», schreit Gabi. «Er sitzt!», sagt Felix.

«Sind die Räuber fertig?», ruft Frau Beier. Anita will sich auch schnell noch verkleiden. Sie beugt sich über den Korb und kramt darin herum. Aber da sind nur noch Tücher. «Da ist nichts mehr!», sagt Benni. «Ich hab auch nichts abgekriegt.» Er steht neben Anita und wühlt traurig in den Tüchern. «Ich wollte auch Räuber sein», sagt Benni, «aber auf einmal war alles weg!»

«Schau mal, da ist noch ein schönes Räubertuch!», sagt Anita. Sie will Benni ein rotes Tuch um den Hals binden. Benni schiebt Anitas Hand weg. «Das ist nicht echt!», sagt er und schluckt.

«Was sucht ihr denn?», fragt Klaus, die Katze. «Benni hat nichts mehr gefunden», sagt Anita. Klaus sieht Benni an. Der fängt gleich an zu weinen. «Er kann ja Katze sein», sagt Klaus. «Ich war gestern schon Katze.» Klaus nimmt die Ohrenkappe ab und setzt sie Benni auf. «Bück dich mal!», sagt Anita zu Klaus. «Sonst kann ich deinen Schwanz nicht abmachen.» Sie nimmt den Schwanz und steckt ihn an Bennis Hose fest. «So, nun bist du eine Katze», sagt Anita. «Miau», sagt Benni.

Anita geht zu Frau Beier. «Kann ich den Wind spielen?», fragt sie. Und dann spielen sie die ganze Geschichte.

Bis mittags dürfen sie draußen im Garten spielen. Benni würde gerne Traktor fahren, aber den haben Kinder von der anderen Gruppe. ‹Ob die mich mitspielen lassen?›, denkt Benni.

‹Aber ich kenn die ja nicht richtig. Im Sand sind auch schon so viele.› David möchte, dass Frau Beier ihm hilft Markus in den Sand zu heben. Aber sie spricht noch mit Eltern.

‹Wo ist Anita?› Benni schaut sich um. Anita ist bei der Schaukel, Carmen ist auch da. Sie steht auf dem Brett. Bevor Anita sich auf die Schaukel setzen konnte, ist ein kleines Mädchen aus der anderen Gruppe gekommen und hat gesagt: «Schubst du mich mal an?» Jetzt hilft Anita der Kleinen. Benni kann auch noch nicht allein schaukeln. Aber er lässt sich nicht anschubsen.

Als die Kleine nicht mehr schaukeln mag, hebt Anita sie runter und setzt sich selber auf das Brett. «Setz dich auch hin», sagt sie zu Carmen, «Frau Beier hat gesagt, wir dürfen nicht im Stehen schaukeln.» «Mach ich zu Hause doch auch immer», sagt Carmen, aber dann setzt sie sich hin.

«Weißt du, was das ist?», sagt Carmen. «Ein Rätsel: Erst weiß wie Schnee, dann grün wie Klee, dann rot wie Blut, schmeckt allen Kindern gut. Was ist das?» Anita denkt nach. «Weiß ich nicht», sagt sie. «Sag mal!» «Die Kirsche», sagt Carmen, «erst blüht sie ganz weiß, dann ist sie grün und dann wird sie rot.» «Woher kennst du das?», fragt Anita. «Von Dierk», sagt Carmen. «Das haben wir gelernt, als du im Spielzimmer warst. Hast du dich verkleidet?» «Ich habe Wind gespielt», sagt Anita, «mit Tüchern.» «Hui!», sagt Carmen. Sie fliegt jetzt ganz hoch. Anita traut sich nicht so stark zu schaukeln.

Als sie keine Lust mehr haben, hören sie auf zu schaukeln und sehen sich um, ob sie irgendwo mitspielen können. «Guck mal, die da!», sagt Carmen. «Die sehen ja ganz gleich aus!» «Wo?», fragt Anita. «Da, bei Frau Beier», sagt Carmen. «Das sind bestimmt Neue. Die Eltern reden noch mit Frau Beier.» «Ach die», sagt Anita. Jetzt hat sie die beiden Jungen mit den gleichen gestreiften Pullis und den gleichen Hosen entdeckt. «Das sind bestimmt richtige Zwillinge», sagt Anita.

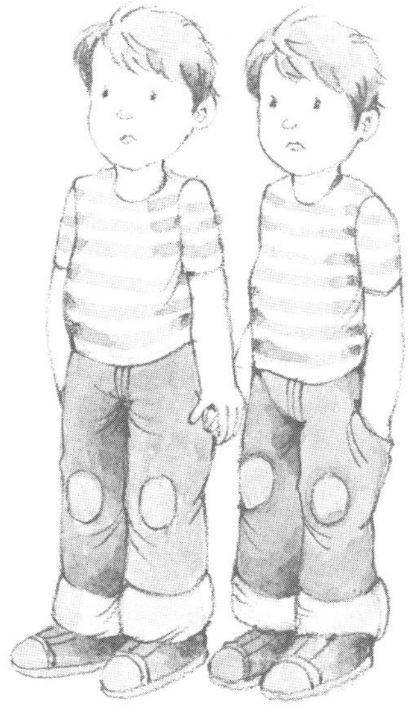

Anita und Carmen gehen zu einem der neuen Jungen. «Wie heißt du?», fragt Carmen. «Hans», sagt der Junge. «Und wie heißt dein Bruder?», fragt Anita. «Christoph», sagt Hans. «Ihr seht ja ganz gleich aus», sagt Anita. «Wir sind Zwillinge», sagt Hans. «Das hab ich mir gedacht», sagt Carmen, «aber warum seid ihr so gleich angezogen.» «Meine Mama kauft alles doppelt», sagt Hans. Anita schaut Hans an und dann Christoph und dann wieder Hans. «Ihr seht ganz gleich aus. Ich verwechsle euch bestimmt!», sagt Anita. «Unsere Mama verwechselt uns nie», sagt Hans. «Und andere Leute?», fragt Carmen. «Die verwechseln uns immer», sagt er. Frau Beier dreht sich herum. «Hast du schon Freunde gefunden, Christoph?», fragt sie. «Das ist Hans», sagt die Mutter. Frau Beier lacht. «Ob ich das wohl lernen werde, welcher Hans ist und welcher Christoph?» Sie schaut sich die beiden abwechselnd an. «Ich weiß nicht, wie ich sie auseinander halten soll! Lassen Sie sie jetzt ruhig da, in einer halben Stunde ist Mittag, da können Sie sie wieder abholen.»

Die Mutter gibt den beiden Jungen noch einen Kuss. «Wir holen euch gleich wieder ab», sagt sie, «euch gefällt es hier bestimmt!» Dann gehen die Eltern. Christoph stellt sich neben Hans und fasst ihn an der Hand. «Seid ihr mal so lieb und kümmert euch um die beiden?», sagt Frau Beier, «ich muss Markus in den Sandkasten tragen.» Sie lässt Anita und Carmen mit den Zwillingen allein.

Wollt ihr den ganzen Tag dableiben?», fragt Carmen. «Nein, nur bis Mittag», sagt Hans. «Ich bleibe den ganzen Tag», sagt Anita. «Wart ihr vorher in einem anderen Kindergarten?», fragt Carmen. «Nein», sagt Hans. «Wir kommen jetzt in den Kindergarten. Wo wir gewohnt haben, war keiner.» «Seid ihr denn umgezogen?», fragt Carmen. «Ja», sagt Hans.
Anita wendet sich an Christoph. «Redest du nie?», fragt sie ihn. «Doch», sagt Christoph. «Er ist schüchtern», sagt Hans. «Das war ich früher auch», sagt Carmen, «jetzt bin ich nicht mehr schüchtern. Wollt ihr das Blockhaus ansehen?» Carmen hat gemerkt, dass die Zwillinge immer zum Blockhaus rüberschauen.
«Darf man darin spielen?», fragt Hans. «Wenn es frei ist», sagt Carmen, «dann kann man darin spielen. Jetzt sind die Kinder von der anderen Gruppe drin. Mal sehn, ob sie uns reinlassen!» Carmen geht zum Blockhaus und die Zwillinge gehen hinterher.

Anita hat gesehen, dass Benni herumsteht und nicht spielt. Er wischt sich die Nase am Ärmel ab. Anita geht zu ihm. «Was ist los, Benni?», sagt sie. «Keiner spielt mit mir.» «Dann spiel du doch einfach irgendwo mit!», sagt Anita. «Frau Beier hat meine Raupe noch nicht gezeigt», sagt Benni. «Ach so», sagt Anita, «darum bist du so traurig.» Sie holt schnell das Glas mit der Raupe und erklärt Frau Beier, warum Benni so traurig ist.
Frau Beier hockt sich mit Benni ins Gras. «Komm, Benni! Schaun wir uns die Raupe mal an!» Sie nimmt die Raupe aus dem Glas und lässt sie über Bennis Hand kriechen. Klaus, Georg und Sabine schauen zu.
Dann erzählt Benni, wie er die Raupe gefunden hat, und Frau Beier erzählt alles, was sie über Raupen weiß. «Sollen wir sie wieder freilassen?», fragt Frau Beier. «Ich glaube, die Raupe ist viel lieber draußen als im Glas.» «Ja», sagt Benni, «ich lass sie wieder frei.» Dann setzt er sie vorsichtig am Zaun ins Gras. «Du sollst nicht zertreten werden», sagt er zu der Raupe.

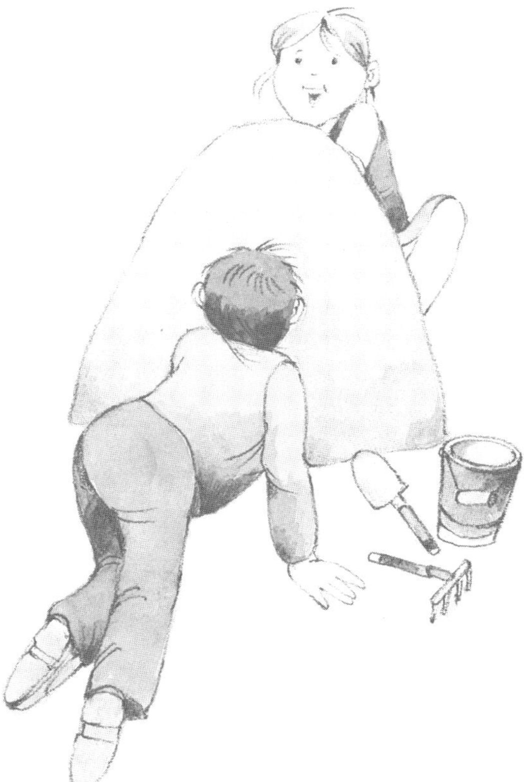

Anita hat inzwischen mit Markus einen großen Sandberg aufgehäuft. Jetzt graben sie einen Tunnel untendurch. Anita kann die Hand schon ganz tief reinstecken. Markus gräbt ihr entgegen. Da klatscht Frau Beier in die Hände. «Aufräumen! Hände waschen!», ruft sie.
«Mach schnell weiter!», sagt Anita. Markus gräbt und gräbt. «Gleich sind wir durch», sagt er. «Was ist das?» Anita lacht. «Meine Finger!», schreit sie. «Du hast meine Finger gefangen!»
«Schluss jetzt!», sagt Dierk. «Morgen könnt ihr weitermachen. Komm, Markus!» Er hebt Markus aus dem Sand und in seinen Rollstuhl. «Nehmt ihr die Spielsachen mit?», sagt Dierk. Anita, David und Benni sammeln die Sandspielsachen ein und bringen sie in die große Kiste. Dann klopfen sie sich gegenseitig den Sand ab und gehen ins Haus.

«Habt ihr eure Hände gewaschen?», fragt Dierk, «dann könnt ihr den Tisch decken.» Anita teilt die Suppenteller aus. «Du kannst auch helfen!», sagt sie zu Tom. «Ich bin faul», sagt Tom. «Wo kommen die Löffel hin?», fragt Claudia. «Oben», sagt Anita. «Tschüss», ruft Carmen, «bis morgen!» Sie geht allein heim.

Die anderen Vormittagskinder werden abgeholt. Nicola ist schon weg, die Oma war ganz früh da, um sie zu holen. Sabine erklärt dem Hans, dass er das Auto nicht mitnehmen darf. «Wusste ich ja nicht», sagt er. Benni zieht Mutti bis zur Wand, wo die Bilder hängen. «Komm mal mit», sagt er, «ich muss dir was zeigen!»

«Das habe ich gemalt!», sagt Benni. «Welches?», fragt Ulf. Er ist auf dem Heimweg von der Schule mit reingekommen um Benni abzuholen. «Welches ist deins?» «Das mit der Ecksonne», sagt Mutti, «das ist bestimmt ein Bild von Benni.» «Ja», sagt Benni, «das habe ich gemalt. Mit Fingerfarben.» «So schöne Bilder hast du zu Hause noch nie gemalt», sagt Mutti. «Zu Hause habe ich keine Fingerfarben», sagt Benni, «da habe ich nur Filzer.» «Das Bild ist wirklich sehr schön!», sagt Mutti. «Das schenke ich dir», sagt Benni. «Danke!», sagt Mutti.
Mutti schaut sich um. «Suchen Sie etwas?», fragt Frau Beier. «Ja, die Fundkiste», sagt Mutti, «Benni hat seine Kindergartentasche verloren.» Frau Beier zeigt Mutti, wo die Fundkiste steht, und Benni fängt gleich an, in den Mützen, Jacken und Taschen zu wühlen.

«Da ist sie!», schreit Benni und hält eine Tasche hoch. «Nein», sagt Ulf, «das ist nicht deine, deine war nicht so neu. Die war doch schon eingerissen.» «Aber die ist genauso wie meine», sagt Benni, «die kann ich doch nehmen.» «Nein, Benni», sagt Mutti, «das geht nicht. Die gehört einem anderen Kind. Das hat sie verloren und schaut vielleicht morgen in der Fundkiste nach, ob sie da ist.» «Vielleicht hat sie ja jemand vertauscht», sagt Ulf. «Ja», sagt Mutti, «das könnte sein. Jetzt gehen wir erst einmal heim.»
Unterwegs fragt Benni: «Kann der Klaus heute zu mir kommen? Der ist so nett.» «Heute nicht», sagt Mutti, «heute Abend kommt doch Anita schon.» «Muss ich schlafen?», fragt Benni. «Ja, sicher», sagt Mutti, «wie immer.» «Richtig schlafen?», fragt Benni. «Wenn du willst», sagt Mutti, «kannst du schlafen. Du kannst dich aber auch nur im Bett ausruhen.»

«Erzählen wir dann wieder?», fragt Benni. «Natürlich», sagt Mutti, «wenn Pia eingeschlafen ist, komme ich zu dir und setze mich an dein Bett.» «Und ich erzähle dir, was wir im Kindergarten gemacht haben», sagt Benni. «Und ich erzähl dir, was ich gemacht habe, während du im Kindergarten warst», sagt Mutti. ‹Wenn ich schlafe, macht Ulf seine Hausaufgaben›, denkt Benni. ‹Und dann spiele ich mit der Eisenbahn. Wenn er fertig ist, gehen wir zusammen raus, Rad fahren.›
«Schau mal, da drüben!», sagt Mutti. Sie fasst Benni an der Schulter. «Da ist die Gisela aus dem Kindergarten. Siehst du, ihre Mami ist doch noch gekommen.» Sie winkt Gisela zu, die auf der anderen Straßenseite mit ihrer Mami geht. Die winkt zurück und spricht mit Gisela. «Wink doch auch!», sagt Bennis Mutti. Aber Benni winkt nicht. Er sagt auch nichts. ‹Wieso ist die Gisela hier auf der Straße?›, denkt er.
Zum Mittagessen gibt es Kartoffeln und Spiegelei. Benni stochert im Essen herum, er hat keinen Hunger. So ist das meistens, wenn er vom Kindergarten kommt.

«Im Kindergarten sind ganz viele Kinder», sagt Benni. «Der Dierk isst mit ihnen. Und zuerst fassen sich alle an und sagen ‹Guten Appetit!›. Dann dürfen sie essen. Der Klaus isst im Kindergarten.» «Welches ist denn der Klaus?», fragt Mutti. «Den kenn ich gar nicht.» «Der Klaus hat eine Brille und ein Auge ist zugeklebt. Kann er mal kommen?», fragt Benni. «Natürlich», sagt Mutti, «wir nehmen ihn gleich mittags mal mit. »

«Darf ich auch mal den ganzen Tag im Kindergarten bleiben?», fragt Benni. «Das darfst du gerne», sagt Mutti, «wenn Frau Beier es erlaubt. Aber jetzt husch ins Bett!» «Im Kindergarten ...», sagt Benni. «Im Kindergarten müssen sich jetzt auch alle Kinder hinlegen», sagt Mutti.

Das stimmt. Im Ruheraum sind Liegen aufgestellt mit einem Kopfkissen und einer Decke und alle Kinder legen sich hin. Sie sollen nicht reden und auch nicht flüstern.

Dierk setzt sich mit einem Buch auf den Stuhl in der Ecke und liest. Wenn ein Kind zu flüstern anfängt, schaut er auf und macht «Psst!». Dann ist wieder Ruhe. Nach einer Weile sind alle eingeschlafen und Dierk schleicht sich aus dem Zimmer.

Nach dem Schlafen ist noch viel Zeit zum Spielen. «Darf ich mit David raufen?», fragt Boris. Dierk passt auf, dass nichts passiert, und dann rauft er mit drei Kindern auf einmal.

Um vier geht Tom nach Hause. Er hat immer ein Band mit einem Schlüssel um den Hals. «Dann kann ich allein in die Wohnung», sagt er zu Anita. «Ist denn niemand bei dir da?», fragt Anita. «Doch», sagt Tom, «nur manchmal kommt mein Papa etwas später. Tschüss, Anita! Guck mal, da kommt dein Papa.»

Anita läuft Papa entgegen. «Anita, da bist du ja!», sagt Papa. «Wie war's?» «Schön», sagt Anita. «Hast du es mitgebracht?» «Was?», fragt Papa. «Bärli», sagt Anita. «Weil ich doch zu Benni geh.» «Ja, ich hab es in der Tasche», sagt Papa. Anita dreht sich um. «Tschüss, Frau Beier!», ruft sie. «Tschüss, Klaus!» «Bis morgen!», schreit Klaus.

Papa fasst Anita bei der Hand und will mit ihr losgehen. «Meine Jacke!», sagt Anita. «Die hab ich liegen gelassen!» Da kommt David schon gelaufen und bringt die Jacke. «Die hast du vergessen», sagt David. «Danke!», sagt Papa. «Danke!», sagt Anita. Dann gehen sie zu Benni.

Benni steht unten an der Haustür und wartet, als sie kommen. «Sie sind da!», schreit er ins Haus. Bennis Mutti kommt ihnen entgegen. «Schön, dass Sie da sind», sagt sie zu Papa. «Möchten Sie einen Tee trinken?» «O ja, gerne!», sagt Papa. »Wir müssen ja auch bald los!» «Mein Mann bleibt da», sagt Bennis Mutti, «ich geh mit Ihnen zum Elternabend.» «Und ich darf hier bleiben», sagt Anita. «Holst du mich nach dem Elternabend ab?» «Klar», sagt Papa, «ich hole dich dann ab.»

Benni, Anita und Ulf spielen noch draußen. Dann baden sie zusammen. «Mach mir nicht die Haare nass!», sagt Anita. Aber Ulf hört nicht auf.

Vati merkt nichts. Er hat genug mit Pia zu tun. Sie zappelt so. «Halt doch still!», sagt Vati. «du willst wohl auch in die Badewanne. Aber du bist

zu klein!» Er schaut auf die Uhr. ‹Jetzt noch Abendbrot und vorlesen, dann ist Ruhe.› Aber vorher gibt es eine wilde Kissenschlacht.

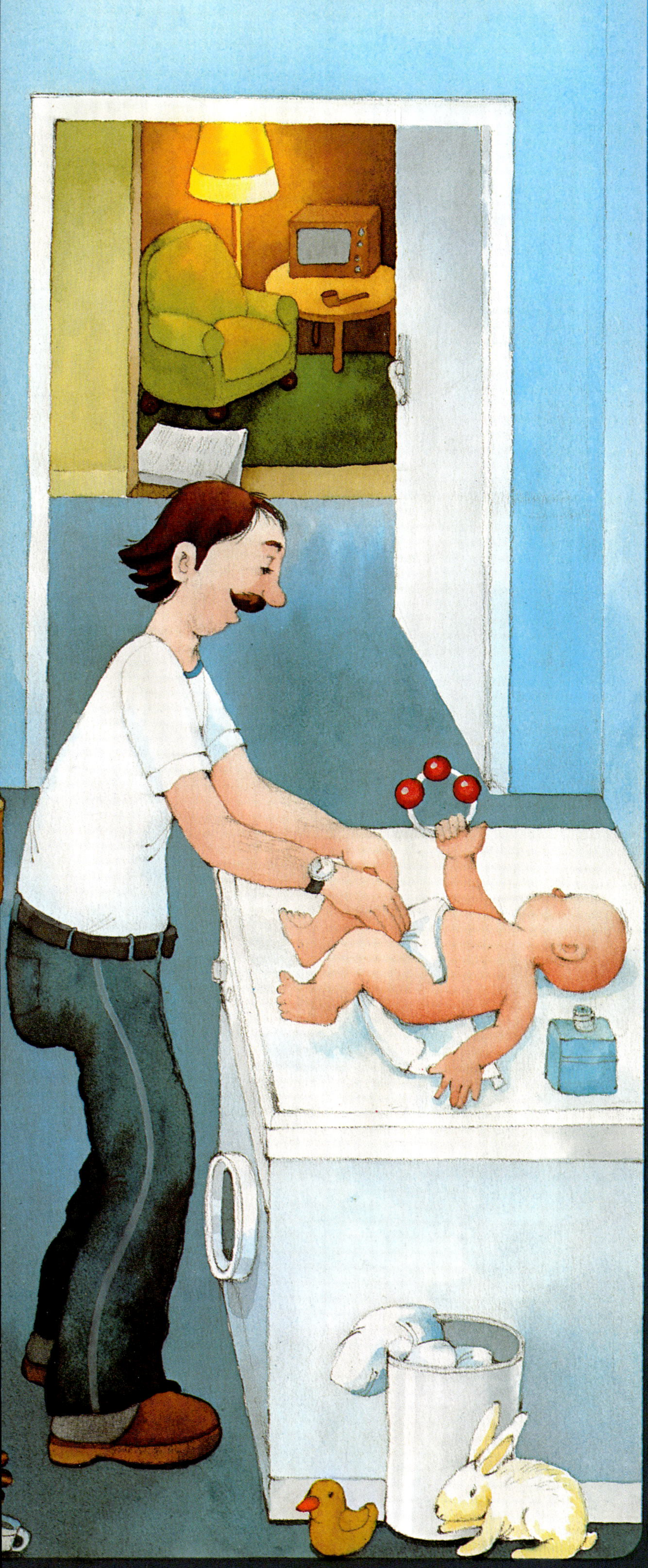

Noch dreimal kommt Vati ins Kinderzimmer. «Jetzt ist endgültig Schluss!», sagt er beim dritten Mal. «Wenn ihr jetzt nicht bald einschlaft, seid ihr morgen den ganzen Tag müde und unzufrieden.» Anita hockt grade oben bei Ulf im Bett. «Darf ich bei dir schlafen?», fragt sie. «Ich hab noch nie oben geschlafen.» «Na gut!», sagt Ulf und macht ihr Platz. Als Anitas Papa und Bennis Mutti vom Elternabend im Kindergarten zurückkommen, ist es still im Kinderzimmer. «Wie war's mit den Kindern?», fragt Mutti. «Es ging», sagt Vati. «Benni hat Huschel von seinem Teller fressen lassen. Dann wollte er den Hasen mit ins Bett nehmen und ich musste schimpfen. Und getobt haben sie natürlich auch.» «Das habe ich mir gedacht», sagt Mutti.
«Aufstehen, Anita!», sagt Papa und streichelt sie. «Wir müssen heim.» Anita gähnt. «Papa!», sagt sie. «Kann ich nicht hier bleiben?» Papa schaut Bennis Mutti an. «Geht das?», fragt er. «Das geht gut», sagt Bennis Mutti. «Dann leg dich aber unten hin», sagt Papa. «Komm, ich helfe dir!» «Ist gut, Papa», sagt Anita und klettert nach unten.
Anita ist schon fast wieder eingeschlafen, da wacht Benni auf. «Bist du noch da?», sagt er zu Anita. «Ja», sagt Anita, «ich darf bei euch schlafen.» «O toll», sagt Benni. Er kuschelt sich wieder ein. ‹Dann gehen wir morgen zusammen in den Kindergarten›, denkt er noch und da sind ...

Claudia Klaus Hans Christoph Felix Carmen

Sabine Georg Florian Oliver Tom Wolfgang Elke